내 몸 긍정 확언 가이드
LOVE YOUR BODY

루이스 L. 헤이 지음

지구상에 존재하는
모든 몸에게
이 책을 사랑으로 바친다

목차

저자 서문 7

저자에 대하여 12

건강한 몸을 위한 긍정 확언 14

부록 -영어 원문 69

LOVE YOUR BODY

저자 서문

어린 아기들은 자신의 몸 구석구석을 사랑합니다. 그들은 죄의식도, 수치심도, 비교도 하지 않습니다. 당신도 어렸을 때 그랬을 것입니다. 그러나 자라면서 어딘가에서 타인으로부터 "너는 충분하지 않아!"라는 말을 들었을 것입니다. 여러분은 아마도 자신의 몸에 결점이 있다고 생각하면서 완전했던 몸을 비난하기 시작했습니다.

그런 말도 안 되는 소리를 꺼버리자구요. 우리

는 다시 우리 몸을 사랑하고 있는 그대로 받아들였을 때로 돌아갑시다. 이렇게 하면 몸은 당연히 바뀔 것입니다. 만약 우리가 몸에 사랑을 준다면, 몸은 더 좋게 변할 것입니다.

잠재의식은 유머를 구분하지 못합니다. 거짓과 진실을 구분하지 못합니다. 잠재의식은 단지 우리가 말하고 생각하는 것을 그대로 물질세계에 구현합니다. 이 책에 제시된 긍정 확언을 반복하고 또 반복한다면, 여러분은 잠재의식의 비옥한 토양에 새로운 씨앗을 심게 됩니다. 그리고 그 긍정 확언들은 여러분에게 진실이 될 것입니다.

거울 앞에 서서, 각각의 긍정 확언 처방(새로운 생각 패턴)을 10회 반복하여 말합니다. 이것을 하루에 두 번 하세요. 또한 하루 중 언젠가 이 긍정 확언을 10번 정도 종이나 공책에 쓰세요. 책을 다 읽을 때까지 하루에 한 페이지의 긍정 확언 처방을 매일 작업해 보세요. 여기서 작업이란 긍정 확언을 거울 앞에서 10번 말하고, 10번 써보는 것을 뜻합니다. 그런 다음, 만약 여전히 싫어하거나 몸에 대해서 문제점을 지적하는 자신을 발견한다면, 적어도 한 달 동안 긍정적인 변화가 일어날 때까지, 특정한 긍정 확언 처방을 매일 사용하세요.

만약 의심, 두려움, 부정적인 생각이 떠오른다면, 그 생각들은 단지 오래전부터 가지고 있던, 머물러서 잘 안 떨어지려는 낡고 오래된 제한된 신념이자 믿음이라고 생각하면 됩니다. 그 오래된 생각들은 여러분을 통제할 힘이 없습니다. 그 생각들에게 이렇게 부드럽게 말하세요.

"나가세요. 이제 더 이상 넌 필요 없어요."

그런 다음 여러분의 긍정 확언을 다시 반복하여 말하세요.

계속 확언하는 것을 멈추게 하는 것은 저항의 일부분입니다. 당신의 몸의 어떤 부분이 사랑받기를 거부하나요? 저항을 하는 이 신체의 부분에 특히 더 주의를 기울입니다. 그렇게 함으로써 여러분은 결점이 많아 한계가 있다고 생각한 것을 훨씬 더 뛰어넘게 될 것입니다. 저항을 놓아주세요.

이런 식으로 짧은 시간 안에, 여러분은 자신이 진정으로 사랑하는 몸을 갖게 될 것입니다. 그리고 여러분의 몸은 훌륭한 건강으로 보답함으로써 반응할 것입니다. 여러분의 몸의 각 부분이 조화롭게 전체로 완벽하게 작동하게 될 것입니다. 몸의 어떤 선이 사라지고, 적정 체중을 유지하여, 자세를 바로 하는 변화를 발견하게 될 것입니다.

 우리가 자신의 내면에 끊임없이 긍정하는 확언들은 진실이 됩니다.

저자에 대하여

 몸의 상처를 치유하는 구체적인 방법을 다룬 도서 '러브 유어 바디'의 저자 루이스 헤이는 개개인이 소책자를 읽으며 스스로의 소중한 성소인 몸을 치유하고 있는 그대로의 지금의 몸의 모습대로 행복하게 살 수 있도록 견인하는데 그 목적을 두고 있다. 실제로 저자 루이스 L. 헤이는 이러한 목적 달성을 위해 자신을 성숙하게 만든 삶의 여정을 소개하고 있다.

루이스 L. 헤이는 책을 통해 가정 폭력과 노동으로 얼룩진 유년기, 미혼모가 되었던 청소년기 그리고 자아 존중감이 낮아 늘 자신을 부정했다. 젊은 날에 비난했던 자신의 몸을, 이 책에 적힌 긍정확언을 통해 잠재의식을 재편성함으로써 기적 같은 변화를 경험했다.

루이스 L. 헤이는 이 책에서 자신의 몸과 남의 몸을 보면서 비난했던 자신을 용서하고 사랑하며 평안을 누리는 방법을 제시하는데 초점을 맞추고 있다. 가장 눈길을 끄는 것은 책 속에 담긴 '건강한 몸을 위한 사랑과 감사 확언'이다. 이 책에 제시된 자기 긍정 확언을 계속 반복한다면 잠재의식이란 비옥한 토양에 새로운 씨앗을 심을 수 있을 것이다.

루이스 헤이 치유 전문가 **엄남미**

건강한 몸을 위한
긍정 확언

- ♥ 거울 앞에 선다
- ♥ 각각의 긍정 확언을 10회 반복하여 말한다
- ♥ 이것을 하루에 두 번 한다
- ♥ 긍정 확언을 10번 정도 종이나 공책에 쓴다
- ♥ 긍정적인 변화가 일어날 때까지 매일 한다

나는 내 **마음**을 사랑해

내 마음은 내 몸의 아름다운 기적을 알아볼 수 있게 해줍니다. 나는 살아서 숨을 쉴 수 있음에 기뻐합니다. 나는 스스로 치유할 수 있는 힘이 있다고 마음속으로 단언합니다. 내 마음은 미래의 순간들을 만드는 생각들을 시시각각 선택하고 있습니다. 내 힘은 그 마음의 사용에서 나옵니다. 나는 나를 기분 좋게 하는 생각을 선택합니다. 나는 나의 아름다운 마음을 사랑하고 감사하게 생각합니다.

나는 내 **두피**를 사랑해

　두피가 편안하고 평화롭습니다. 내 두피는 느슨하고 쉽게 관리가 됩니다. 두피는 머리카락에 영양을 주는 영양분이 가득한 침대 같은 것입니다. 내 머리는 자유롭고 고급스럽게 자랄 수 있습니다. 나는 사랑으로 두피를 마사지할 생각을 합니다. 나는 내 아름다운 두피를 사랑하고 고마워합니다!

나는 내 **머리**를 좋아해

　나는 필요한 것들이 다 돌봐지는 삶의 과정을 믿습니다. 그리고 강하고 평화롭게 성장합니다. 나는 두피의 긴장을 풀고 아름다운 머리칼을 풍성하게 기를 수 있는 여유를 줍니다. 나는 사랑스럽게 머리를 손질하고 머릿결이 탄력 있고 강하게 자랄 수 있도록 지탱해주는 생각을 합니다. 나는 내 아름다운 머리를 사랑하고 고마워합니다!

난 내 **눈**을 사랑해

나의 시야는 아주 좋습니다. 나는 모든 상황을 똑똑히 봅니다. 나는 나의 과거, 현재, 미래를 사랑의 눈으로 봅니다. 내 마음은 내가 삶을 바라보는 방식을 선택합니다. 나는 새로운 눈으로 봅니다. 누구에게나 좋은 점이 있습니다. 나는 사람들을 볼 때 마다 그들의 좋은 점들을 바라봅니다. 나는 사랑스럽게 내가 바라보기 좋아하는 삶을 창조합니다. 나는 내 아름다운 눈을 사랑하고 고마워합니다!

나는 내 **귀**를 사랑해

    나는 균형 잡혀 있고 침착하며 모든 생명과 하나가 됩니다. 나는 내 주변과 조화를 이룰 생각을 합니다. 나는 좋은 것들과 즐거운 것에 사랑으로 귀를 기울입니다. 나는 모든 사람들의 메시지 속에 숨겨져 있는 사랑에 대한 외침을 듣습니다. 나는 기꺼이 다른 사람들을 이해하려 합니다. 나는 사람들에 대한 연민을 가지고 있습니다. 나는 삶의 소리를 들을 수 있는 능력에 기뻐합니다. 나는 수용력이 있습니다. 기꺼이 듣겠습니다. 나는 내 아름다운 귀를 사랑하고 고마워합니다!

나는 내 **코**를 사랑해

나는 내 주위의 모든 사람들과 평화롭게 지냅니다. 어떤 사람도, 장소도, 사물도 나를 통제할 수 없습니다. 나는 내 세상에서 힘이 있고, 권위가 있는 사람입니다. 나는 내 자신의 진가를 인식하는 생각을 선택합니다. 나는 내 직관적인 능력을 의식합니다. 나는 내 직관을 믿습니다. 왜냐하면 나는 항상 우주적인 지혜와 진리에 접속되기 때문입니다. 나는 항상 나를 위해서 올바른 방향으로 계속 앞으로 나아갑니다. 나는 내 아름다운 코를 사랑하고 고마워합니다!

나는 내 **입**을 사랑해

나는 새로운 생각을 받아들이면서 스스로에게 영양분을 보충합니다. 나는 소화와 동화에 대한 새로운 개념을 준비합니다. 나는 진리의 원칙에 입각하여 결정을 쉽고 편안하게 내립니다. 나는 삶에 대한 안목이 있습니다. 나는 내가 타인에게 사랑으로 말할 수 있게 하는 생각을 합니다. 나는 진실한 가치 안에서 안전하기에 나 자신을 위해 자명하게 말합니다. 나는 내 아름다운 입을 사랑하고 고마워합니다!

나는 내 **이빨**을 사랑해

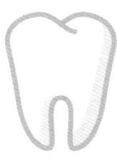

내 치아는 강하고 튼튼합니다. 나는 기쁨으로 인생을 물고 늘어집니다. 나는 나의 모든 경험을 신중하고 완전하게 씹습니다. 나는 결단력 있는 사람입니다. 나는 쉽게 결정을 내리고, 그 결정을 고수합니다. 나는 확고한 내면의 기초를 만드는 생각을 합니다. 나는 언제나 주어진 상황에서 나에게 가장 좋은 것을 선택할 것을 알고 있기 때문에 내면의 지혜를 믿습니다. 나는 내 아름다운 이빨을 사랑하고 고마워합니다.

나는 내 **잇몸**을 사랑해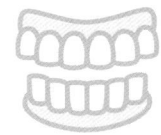

내 잇몸은 건강을 상징합니다. 나의 잇몸은 사랑으로 치아를 지지하고 보호합니다. 나는 내 결정을 고수하는 것이 쉽습니다. 나는 영적인 신념으로 내 결정을 지지합니다. 나는 지혜와 진리에 강하게 중점을 두고 있습니다. 나는 내 인생에서 올바른 행동만을 만들어내는 생각들을 합니다. 나는 내 아름다운 잇몸을 사랑하고 고마워합니다.

나는 내 **목소리**를 사랑해

나는 내 의견을 큰 소리로 이야기 합니다. 나는 나 자신을 대변합니다. 나는 사랑과 기쁨으로 찬양합니다. 내 말은 삶의 음악입니다. 나는 아름다움과 감사를 표현하는 생각을 고릅니다. 나는 내가 삶의 모든 것과 하나임을 선포합니다. 나는 내 아름다운 목소리를 사랑하고 고마워합니다.

나는 내 **목**을 사랑해

　나는 기꺼이 다른 관점, 즉 일을 하는 다른 방법들을 인정하려고 합니다. 나는 자유롭게 그 모든 것을 인정합니다. 나는 기꺼이 변화할 것입니다. 나는 아이디어와 창의적인 표현에서 나 자신을 유연하게 만들 생각을 합니다. 나는 나 자신을 자유롭고 즐겁게 표현합니다. 나는 안전합니다. 나는 아름다운 목을 사랑하고 고마워합니다.

나는 내 **목구멍**을 사랑해

　내 목구멍은 나의 표현과 창조성의 길입니다. 목구멍을 개방하고 자유롭게 합니다. 나는 매일 기뻐서 노래합니다. 나는 나의 창의성을 표현할 수 있는 생각을 합니다. 나는 사랑으로 나의 가치와 자긍심을 세상에 선언합니다. 나는 내 아름다운 목을 사랑하고 고마워합니다.

나는 내 **어깨**를 사랑해

나는 쉽고 편안하게 책임을 짊어집니다. 내 짐은 바람에 날리는 가벼운 깃털과 같습니다. 나는 당당하고 자유롭게 내 경험들을 즐겁게 짊어지고 나릅니다. 내 어깨는 아름답고 곧고 튼튼합니다. 나는 내 길을 쉽고 자유롭게 만들어줄 생각을 합니다. 사랑은 어떠한 짐도 풀고 편안하게 해줍니다. 나는 내 삶을 사랑합니다. 나는 내 아름다운 어깨를 사랑하고 고마워합니다.

나는 내 **가슴**을 사랑해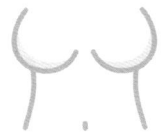

내 가슴은 내 몸에 딱 맞는 완벽한 크기와 모양입니다. 내 가슴은 건강하고 항상 건강할 것입니다. 나는 항상 다른 사람들을 돌보기 전에 나 자신을 돌보면서 영양분을 공급합니다. 나는 모든 면에서 나를 키워주는 생각을 합니다. 나는 내 아름다운 가슴을 사랑하고 고마워합니다.

나는 내 **팔**을 사랑해

　나는 나 자신과 내가 사랑하는 사람들을 보호합니다. 나는 인생을 기쁨으로 맞이합니다. 나는 인생의 경험을 포용하는 대단한 능력을 가지고 있습니다. 인생을 즐길 수 있는 내 능력은 엄청납니다. 나는 변화를 쉽게 받아들이고 어떤 방향으로도 움직일 수 있는 생각을 합니다. 나는 항상 강하고 능력있고 언제나 무엇이든지 할 수 있는 팔이 있습니다. 나는 내 아름다운 팔을 사랑하고 고마워합니다.

나는 내 **손목**을 사랑해

나는 내 손목의 유연하고 자유로운 움직임 덕분에 인생의 즐거움들을 쉽게 받아들입니다. 나는 모든 좋은 것을 받을 자격이 있으며 가지고 있는 모든 것을 쉽게 누릴 수 있도록 생각들을 선택합니다. 나는 내 아름다운 손목에 감사하며 사랑합니다.

나는 내 **손**을 사랑해

내 손은 원하는 어떤 방식으로든 자유롭게 인생을 잡을 수 있습니다. 내 손은 삶 속에 등장하는 여러 사건들과 사람들을 다룰 수 있는 수많은 방법을 갖고 있습니다. 나는 내 경험을 즐겁고 편안하게 다룰 생각을 선택합니다. 경험의 각 세부 사항은 신성하고도 올바른 순서에 따라서 잘 다루어집니다. 그러므로 나는 안전합니다. 나는 나 자신입니다. 나는 평화롭습니다. 나는 나의 아름다운 손을 사랑하고 고마워합니다.

나는 내 **손가락**을 사랑해

내 손가락은 나에게 아주 큰 즐거움을 줍니다. 나는 손으로 만지고, 느끼고, 조사하고, 수선하고, 수리하고, 창조하고 사랑으로 패션을 만드는 능력을 사랑합니다. 나는 생명이 고동치는 맥박을 손가락으로 느껴봅니다. 나는 모든 사람과 장소 사물과 일치합니다. 나는 사랑으로 나를 감동시킬 생각들을 합니다. 나는 내 아름다운 손가락을 사랑하고 고마워합니다.

나는 내 **손톱**을 사랑해

　내 손톱은 아름답고 사랑스럽습니다. 나는 보호받고 안전합니다. 긴장을 풀고 내 앞에 펼쳐질 삶을 믿으면 손톱이 튼튼하고 단단하게 자라납니다. 나는 내 인생의 모든 멋진 세세한 부분들을 사랑하고 소중히 여깁니다. 나는 세부 사항들을 쉽고 애씀 없이 다룰 수 있는 생각을 합니다. 나는 내 손톱을 사랑하고 고마워합니다.

나는 내 **척추**를 사랑해

내 척추는 조화와 사랑의 장소입니다. 각 척추들의 뼈는 주변과 사랑스럽게 연결되어 있습니다. 그들 사이에는 완벽하고 부드러운 상호작용이 있습니다. 이것이 나를 강하면서도 유연하게 만듭니다. 나는 하늘에 닿을 수도 있고, 땅에 닿을 수도 있습니다. 나는 나를 안전하고 자유롭게 해주는 생각들을 합니다. 나는 내 아름다운 척추를 사랑하고 고마워합니다.

나는 내 **등**을 사랑해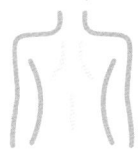

　내 인생은 나를 잘 지탱합니다. 나는 정서적인 지지를 받고 있습니다. 나는 모든 두려움을 놓아줍니다. 사랑받는 기분입니다. 나는 과거와 과거의 모든 부정적인 경험을 흘려보냅니다. 나는 내 뒤에 있는 모든 것을 놓아줍니다. 내 모든 필요를 사랑으로 채워주는 생각을 선택합니다. 인생은 예상한 방법과 예상치 못한 방법으로 나를 번성케 합니다. 나는 삶의 사랑으로 지탱되어 똑바로 서 있습니다. 나는 내 아름다운 등을 사랑하고 고마워합니다.

나는 나의 **유연성**을 사랑해

신은 나에게 유연해지고 버드나무처럼 생명으로 흐를 수 있는 능력을 주셨습니다. 나는 구부리고 기지개를 켜서 항상 내 중심으로 돌아올 수 있습니다. 나는 유연하고 잘 휘어질 수 있는 이 능력을 강화하는 생각들을 합니다. 나는 나의 아름다운 유연성을 사랑하고 고마워합니다.

나는 내 **가슴**을 사랑해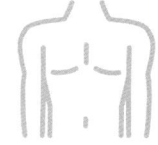

나의 영양 섭취와 배출은 완벽한 균형 상태에 있습니다. 인생은 내가 필요한 모든 것을 제공합니다. 나는 나 자신이 되는 것에 자유롭고, 다른 사람들이 있는 그대로 되기를 허락합니다. 삶은 우리 모두를 보호합니다. 그렇기에 우리 모두가 성장해도 안전합니다. 나는 오직 사랑으로만 영양을 공급합니다. 나는 우리 모두에게 자유를 창조하는 생각을 합니다. 나는 내 아름다운 가슴을 사랑하고 고마워합니다.

나는 내 **폐**를 사랑해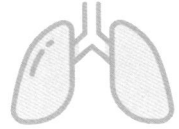

　나는 공간을 차지할 권리가 있습니다. 나는 존재할 권리가 있습니다. 나는 인생을 완전히 자유롭게 받아들이고 즐겁게 연소합니다. 내 환경에서 무언가를 비워내도 안전합니다. 숨을 쉬게 하는 전능한 힘이 큰 풍요로 언제나 채워줄 것을 알기 때문입니다. 내가 살기로 결심한 이상 숨을 충분히 쉴 수 있습니다. 내가 살기를 원하는 한 생명과 지속력은 충분합니다. 나는 나에게 안전을 만들어줄 생각들을 합니다. 나는 내 아름다운 폐를 사랑하고 고마워합니다.

나는 내 **숨결**을 사랑해

내 숨결은 나에게 너무나도 소중합니다. 그것이 보물이자 생명을 주는 물질입니다. 나는 내가 삶을 사는 게 안전하다는 걸 압니다. 나는 삶을 사랑합니다. 나는 생명을 깊고 완전하게 들이마십니다. 나는 숨을 들이쉬고 내쉬고, 완전한 조화 속에서 호흡합니다. 나는 사랑스럽고 달콤한 숨을 쉴 생각을 합니다. 나는 인생의 숨결과 함께 잘 흘러갑니다. 나는 내 아름다운 호흡을 사랑하고 고마워합니다.

나는 내 **분비샘**을 사랑해

내 분비샘은 나의 자기표현의 출발점입니다. 나의 자기표현은 나 자신의 삶에 대한 독특한 접근입니다. 나는 독특한 사람입니다. 나는 나의 개성을 존중합니다. 나는 인생에서 펼쳐지는 모든 선한 존재의 깊이에 의해서 비롯되었습니다. 나의 본성은 내가 생각하기로 선택한 생각에서 시작됩니다. 나의 정신적 면역력과 힘은 강하고 균형 잡혀 있습니다. 나는 열심히 일합니다. 나는 "일어나서 전진하는 사람"입니다. 나는 나의 아름다운 분비샘을 사랑하고 고마워합니다.

나는 내 **심장**을 사랑해

　내 심장은 내 몸 전체에 사랑을 담아 세포에 기쁨이라는 영양을 공급합니다. 즐거운 새로운 생각들이 지금 내 안에서 자유롭게 나돌고 있습니다. 나는 나 자신을 잘 표현하고 삶에 좋은 것들을 받아들이는 기쁨입니다. 나는 지금 끊임없이 즐거운 생각을 하고 있습니다. 나의 모든 나이 대에 살아 있는 것은 안전합니다. 나는 모든 방향으로 사랑을 발산하고 있고, 내 삶 전체가 기쁨입니다. 나는 마음 깊이 사랑합니다. 나는 내 아름다운 마음을 사랑하고 감사합니다.

나는 내 **피**를 사랑해

내 핏줄 속의 피는 순수한 기쁨입니다. 삶의 이 기쁨은 내 몸 전체에 자유롭게 흐릅니다. 나는 즐겁고 행복하게 살고 있습니다. 나는 삶에 대한 열정을 불러일으킬 생각을 합니다. 내 삶은 풍요롭고 충만하며 즐겁습니다. 나는 나의 아름다운 피를 사랑하고 고마워합니다.

나는 **신경 세포**들을 사랑해

나는 놀라운 신경체계를 가지고 있습니다. 내 신경은 내가 모든 생명과 소통할 수 있게 해줍니다. 나는 매일 높은 수준에서 느끼고 이해할 수 있습니다. 나는 안심하고 있습니다. 내 신경이 편안하게 쉴 수 있게 허락되었습니다. 나는 나에게 평화를 가져다 줄 생각을 합니다. 나는 나의 아름다운 신경을 사랑하고 고마워합니다.

나는 내 **배**를 사랑해

　인생의 경험을 소화하는 것은 기쁨입니다. 삶은 나와 잘 맞습니다. 나는 매일의 새로운 생활 방식을 쉽게 이해합니다. 내 세상에서는 만사가 형통입니다. 나는 내 존재를 찬양하는 생각을 합니다. 나는 내가 필요로 하는 것을 먹여 살릴 삶의 과정을 신뢰합니다. 나는 나의 가치를 알고 있습니다. 나는 지금 있는 그대로의 나로도 충분합니다. 나는 신성하고 멋진 삶의 표현입니다. 나는 이 생각을 이해해서 나에게 실현시킵니다. 나는 내 아름다운 배를 사랑하고 고마워합니다.

나는 내 **간**을 사랑해

나는 더 이상 필요 없는 것을 놓아버립니다. 나는 모든 짜증과 비난과 비판을 기쁘게 놓아줍니다. 내 의식은 이제 깨끗해지고 치유되었습니다. 내 인생의 모든 것은 신성한 올바른 질서 안에 있습니다. 일어나는 모든 일은 나의 최고의 선과 가장 큰 기쁨을 위한 것입니다. 나는 내 삶의 모든 곳에서 사랑을 찾습니다. 나는 나를 치유하고, 정화하고, 고양시킬 생각을 합니다. 나는 나의 아름다운 간을 사랑하고 고마워합니다.

나는 내 **신장**을 사랑해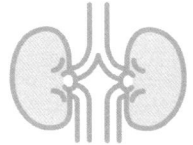

　내가 성장해 가면서 창조한 내 삶을 받아들이는 것은 안전합니다. 나는 낡은 것은 흘려보내고 새로운 것을 환영합니다. 내 신장은 마음에 오래도록 쌓인 독소를 효율적으로 제거합니다. 나는 이제 내 세상을 창조할 생각을 합니다. 그러므로 나는 내 세상의 모든 것을 완벽한 것으로 받아들입니다. 내 핵심 감정은 사랑으로 마음속 깊이 안정되어 있습니다. 나는 내 아름다운 신장을 사랑하고 고마워합니다.

나는 내 **비장**을 사랑해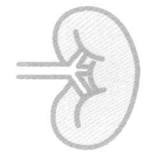

내가 유일하게 고집하는 것은 삶의 기쁨입니다. 나의 진정한 정체성은 평화와 사랑과 기쁨입니다. 나는 내 삶의 모든 영역에서 나에게 기쁨을 만들어줄 생각들을 선택합니다. 내 비장은 건강하고, 행복하며 정상입니다. 나는 안전합니다. 나는 인생에서 달콤한 기쁨을 맛보기로 결심했습니다. 내 아름다운 비장을 사랑하고 고마워합니다.

나는 내 **면역체계**를 사랑해

나의 면역체계는 강하고 튼튼하고 건강합니다. 내 면역력은 내 몸을 보호해 주고 완벽한 건강을 유지시켜줍니다. 나의 면역체계가 나의 모든 생각에 반응한다는 것을 알고, 나는 건강한 생각을 합니다. 나는 오직 내 면역체계를 강화하고 지지해 주는 사랑스럽고 긍정적인 사고만을 생각하기로 선택합니다. 나는 나의 아름다운 면역체계를 사랑하고 고마워합니다.

나는 내 **허리선**을 사랑해

    나의 허리둘레는 아름답습니다. 허리라인은 정상이고, 자연스러우며 매우 유연합니다. 나는 모든 방향으로 허리가 구부러지고 펴질 수 있습니다. 나는 나를 기쁘게 하는 형태로 운동을 즐길 수 있게 해주는 생각을 선택합니다. 내 허리둘레는 나에게 딱 맞는 사이즈입니다. 나는 내 아름다운 허리선을 사랑하고 허리선에 고마워합니다.

나는 내 **고관절**을 사랑해

　나는 인생을 균형 있게 살아갑니다. 항상 새로운 방향으로 나아가고 있습니다. 내 모든 나이대에는 흥미로운 관심거리와 목표가 있습니다. 나는 내 고관절을 단단하고 강하게 유지하는 생각을 합니다. 나는 내 인생의 가장 중요한 자리에서 힘이 있습니다. 나는 내 아름다운 고관절을 사랑하고 고마워합니다.

나는 내 **엉덩이를** 사랑해

내 엉덩이는 날이 갈수록 아름다워지고 있습니다. 엉덩이는 내 힘의 중심입니다. 나는 내가 힘이 있는 사람이라는 것을 알고 있습니다. 나는 내 힘을 인정하고 받아들입니다. 나는 내 힘을 사랑스럽고 현명하게 사용할 수 있는 생각들을 합니다. 힘이 있다는 것은 기분 좋은 일입니다. 나는 내 아름다운 엉덩이를 사랑하고 고마워합니다.

나는 내 **결장**을 사랑해

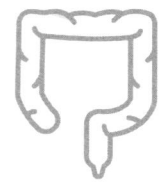

나는 자유롭고 관대하고 즐겁게 나를 통해 흘러들어오는 열린 통로입니다. 어수선하거나 막히게 하는 모든 생각과 일들을 흘려버립니다. 모든 것이 내 삶에서는 정상이고, 조화롭고, 완벽합니다. 나는 지금 이 순간이라는 현재에 살고 있습니다. 나는 삶의 흐름에 열려있고 나를 수용하도록 만드는 생각을 합니다. 나는 완벽한 섭취, 동화, 배출 기능이 있습니다. 나는 나의 아름다운 대장을 사랑하고 고마워합니다.

나는 내 **방광**을 사랑해

나는 내 생각과 감정에 평온합니다. 나는 내 주변 사람들과 평화롭습니다. 사람, 장소, 사물이 나를 지배하지 못합니다. 왜냐하면 나는 내 마음속 유일한 사상가이기 때문입니다. 나는 나를 평온하게 해주는 생각을 합니다. 나는 기꺼이 그리고 사랑스럽게 오래된 관념과 아이디어를 흘려보냅니다. 그것들은 나에게서 쉽고 즐겁게 흘러나옵니다. 나는 내 아름다운 방광을 사랑하고 고마워합니다.

나는 내 **생식기**를 사랑해

　나는 내 성(여성성/남성성)에 대해 기뻐합니다. 그것은 자연스러우며 나에게 완벽합니다. 나의 생식기는 아름답고 자연스러우며 완벽합니다. 나는 지금 이 순간에도 충분히 훌륭하고 있는 그대로 아름답습니다. 내 몸이 나에게 주는 기쁨에 감사합니다. 나는 내 몸을 즐기는 것은 안전합니다. 나는 내 아름다운 생식기를 사랑하고 감사할 수 있게 해주는 생각들을 선택하고 나는 나의 아름다운 성을 사랑하고 고마워합니다.

나는 내 **직장**을 좋아해

나는 모든 세포와 장기에서 내 몸의 아름다움을 봅니다. 내 직장은 내 몸의 다른 부분들처럼 정상이고 자연스럽고 아름답습니다. 나는 내 몸의 각 기능을 전적으로 받아들이고 몸의 기관들의 능률과 완벽함을 기뻐합니다. 내 심장, 직장, 눈과 발가락 모두 똑같이 중요하고 아름답습니다. 나는 내 몸의 모든 부분을 사랑으로 받아들일 수 있는 생각을 합니다. 나는 나의 아름다운 직장을 사랑하고 고마워합니다.

나는 내 **다리**를 사랑해

나는 이제 모든 오래된 어린 시절의 상처와 고통을 풀어주기로 결정했습니다. 나는 과거에서 사는 것을 거부합니다. 나는 오늘이라는 현재에 살고 있는 사람입니다. 과거를 용서하고 풀어주니 허벅지가 단단해지고 아름답습니다. 나는 어느 방향으로든 움직일 수 있는 기동성을 가지고 있습니다. 나는 과거에 얽매이지 않고 앞으로 나아갑니다. 종아리 근육의 수축과 이완이 잘 되고 튼튼합니다. 나는 기쁨으로 앞으로 나아갈 수 있는 생각들을 합니다. 나는 내 아름다운 다리를 사랑하고 감사합니다.

나는 내 **무릎**을 좋아해

　내 무릎은 유연하고 유동적입니다. 나는 내어주고 용서합니다. 나는 쉽게 구부리고 흡닙니다. 나는 이해와 연민을 가지고 있고, 과거와 그 안의 존재했던 모든 사람들을 쉽게 용서합니다. 나는 매순간 다른 사람들을 인정하고 칭찬합니다. 나는 어디에서나 자유롭게 흐르는 사랑과 기쁨에 열려 있고 수용적인 생각을 선택합니다. 나는 나 자신의 제단에 무릎을 꿇습니다. 나는 내 아름다운 무릎을 사랑하고 고마워합니다.

나는 내 **발목**을 사랑해

내 발목은 기둥성과 방향성을 줍니다. 나는 모든 두려움과 죄책감을 놓아줍니다. 나는 쉽게 즐거움을 수용합니다. 나는 가장 좋은 방향으로 나아갑니다. 나는 내 삶에 기쁨과 즐거움을 가져오는 생각을 선택합니다. 나는 유연하고 유동적입니다. 나는 내 아름다운 발목을 사랑하고 고마워합니다.

나는 내 발을 사랑해

나는 정말 이해심이 많습니다. 나는 진리를 굳게 믿습니다. 내 자신과 다른 사람들, 그리고 삶에 대한 나의 이해는 끊임없이 커지고 있습니다. 나는 어머니 지구로부터 자양분을 얻었고, 보편적인 지성은 내가 알아야 할 모든 것을 가져다줍니다. 나는 이 행성을 안전하고 안정적으로 걸으며, 나의 더 큰 이익을 향해 나아갑니다. 나는 시공간을 거침없이 움직입니다. 나는 멋진 미래를 창조하는 생각들을 선택하고 그 안으로 들어갑니다. 나는 내 아름다운 발을 사랑하고 고마워합니다.

나는 내 **발가락**을 사랑해

　내 발가락은 내 앞의 길을 터주기 위해 미리 걸어가 보는 미래에 대한 조사관입니다. 내 발가락은 곧고, 유연하고, 강합니다. 그들은 삶에 있어서 완벽한 길을 찾고, 느끼고, 손을 뻗습니다. 나는 나의 길을 보호할 생각을 합니다. 내가 앞으로 나아가면서, 모든 세부 사항들은 스스로 알아서 처리됩니다. 나는 내 아름다운 발가락을 사랑하고 고마워합니다.

나는 내 **뼈**를 사랑해

    나는 강하고 건전합니다. 나는 체계적이고 균형 잡혀 있습니다. 내 뼈는 나를 지탱해주고 사랑합니다. 모든 뼈는 나에게 중요합니다. 나는 내 삶을 강화시킬 생각을 합니다. 나는 우주의 물질들로 구성되어 있습니다. 나는 삶의 구조물들과 하나인 사람입니다. 나는 내 아름다운 뼈를 사랑하고 고마워합니다.

나는 내 **근육들**을 사랑해

나의 근육은 나의 세상에서 움직일 수 있는 능력을 줍니다. 내 근육은 강하고 항상 강할 것입니다. 내 강한 근육들은 유연하고 쉽게 늘어납니다. 나는 새로운 경험들을 환영할 수 있는 생각들을 선택합니다. 내 인생은 즐거운 발레와 같습니다. 나는 나의 아름다운 근육을 사랑하고 고마워합니다.

나는 내 **피부**를 사랑해

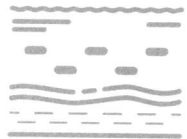

내 개성은 안전합니다. 과거는 용서되고 잊혀져갑니다. 나는 지금 이 순간 자유롭고 안전합니다. 나는 나 자신을 위해 기쁨과 평화를 창조하는 생각들을 합니다. 내 피부는 젊고 몸 구석구석이 매끈합니다. 나는 내 피부를 어루만지는 것을 좋아합니다. 내 세포에는 영원한 젊음이 있습니다. 내 피부는 내가 살고 있는 지금 이곳인 성소를 지탱하는 맨틀입니다. 나는 내 아름다운 피부를 사랑하고 고마워합니다.

나는 내 **키**를 사랑해

　나는 나에게 딱 맞는 키입니다. 나는 너무 크지도 작지도 않습니다. 위를 보고 아래를 내려다 볼 수 있습니다. 나는 별을 향해 손을 뻗을 수도 있고, 지구를 만질 수도 있습니다. 나는 내가 항상 안심하고, 안정되고 사랑받을 수 있게 해주는 생각들을 합니다. 나는 내 아름다운 키를 사랑하고 고마워합니다.

나는 내 **몸무게**를 사랑해

나는 이 순간 나 자신을 위한 완벽한 몸무게로 존재합니다. 그것은 바로 내가 스스로 받아들인 무게입니다. 만약 내가 진심으로 바란다면 내 몸무게를 바꿀 수 있습니다. 나는 내 몸과 크기에 대해 나를 편안하게 하고 만족하게 하는 생각을 선택합니다. 나는 내 아름다운 몸무게를 사랑하고 고마워합니다.

나는 내 **외모**를 사랑해

나는 내 외모가 좋습니다. 이번 생애에 딱 맞는 것 같습니다. 나는 태어나기 전에 내 외모를 선택했고, 나는 내 선택에 만족합니다. 나는 독특하고 특별합니다. 아무도 나와 똑같이 생긴 사람은 없습니다. 나는 아름답고, 매일매일 더 매력적으로 변합니다. 나는 아름다운 외모를 발산하는 생각을 합니다. 나는 내 모습이 좋습니다. 나는 내 아름다운 외모를 사랑하고 고마워합니다.

나는 내 **나이**를 사랑해

나는 지금 완벽한 나이대에 있습니다. 한 해는 나에게 특별하고 소중합니다. 왜냐하면 나는 한 번만 살 것이기 때문입니다. 유아기에서 노년에 이르기까지 매년 그 자체의 경이로운 일들로 가득 차 있습니다. 어린 시절이 매우 특별했듯이, 노인이 되는 것도 특별합니다. 모든 것을 경험해 보고 싶습니다. 나는 나이를 먹는 것에 대해 나를 긍정적이게 해주는 생각을 합니다. 나는 내 앞에 펼쳐지는 새해가 기다려집니다. 나는 내 아름다운 나이를 사랑하고 고마워합니다.

나는 내 **몸**을 사랑해

내 몸은 살기 좋은 곳입니다. 나는 내가 이 특정한 몸을 선택한 것에 대해 기쁩니다. 왜냐하면 그것은 이 생애에 나에게 완벽하기 때문입니다. 내 몸은 완벽한 크기, 모양, 그리고 색깔입니다. 내 몸은 나를 잘 보살핍니다. 내 몸이라는 기적에 경탄합니다. 나는 나의 건강한 몸을 만들고 유지시켜주고 나를 기분 좋게 해주는 치유적인 생각을 합니다. 나는 내 아름다운 몸을 사랑하고 고마워합니다.

부록

LOVE YOUR BODY

- 영어 원문 -

I love my body

My body is a glorious place to live. I rejoice that I have chosen this particular body because it is perfect for me in this lifetime. It is the perfect size and shape and color. It serves me so well. I marvel at the miracle that is my body. I choose the healing thoughts that create and maintain my healthy body and make me feel good. I love and appreciate my beautiful body!

Affirmations for a healthy body

Little babies love every inch of their bodies. They have no guilt, no shame, and no comparison. You were like that, and then somewhere along the line you listened to others who told you that you were "not good enough." You began to criticize your body, thinking perhaps that that's where your flaws were.

Let's drop all that nonsense and get back to loving our bodies and accepting them totally as they are. Of course they will change—and if we give our bodies love, they will change for the better.

The subconscious mind has no sense of humor and does not know false from true. It only accepts what we say and what we think as the material from which it builds. By repeating these positive affirmations over and over, you will be planting new seeds in the fertile soil of your subconscious mind, and they will become true for you.

Stand in front of a mirror and repeat each affirmation treatment (new thought pattern) ten times. DO this twice a day. Also write the affirmations ten times sometime during the day. Work with one treatment a day until you have gone through the whole book. You can use the blank pages to write your own positive affirmations. Then, if there is any part of your body you still dislike or have a problem with, use that particular treatment daily for at least a month, or until positive change takes place.

If doubts or fears or negative thoughts come up, just recognize them for what they are—old limiting beliefs that want to stay around. They have no power over you. Say to them gently, "Out! I no longer need you." Then repeat your affirmations again.

Where you stop working is where your resistance is. Notice the part of your body that you don't want to love. Give this part extra attention so you may go the limitation. Release the resistance.

In this way, within a short time, you will have a body you really love. And your body will respond by giving you excellent health. Each part of your body will be working perfectly as a harmonious whole. You will even find lines disappearing, weight normalizing, and posture straightening.

That which we constantly affirm becomes true for us.

I love my mind

My mind enables me to recognize the beautiful Miracle Of my Body. I am glad to be alive. I affirm with my mind that I have the power to heal myself. My mind chooses the thoughts that create my future moment by moment. My power comes through the use of my mind. I choose thoughts that make me feel good. I love and appreciate my beautiful mind!

I love my scalp

My scalp is relaxed and peaceful. It is loose and easy. It provides a nourished bed for my hair. My hair is able to grow freely and luxuriously. I choose the thoughts that massage my scalp with love. I love and appreciate my beautiful scalp!

I love my hair

I trust the process of life to take care of my every need, and I grow strong and peaceful. I relax my scalp and give my beautiful hair room to grow luxuriously. I lovingly groom my hair and choose the thoughts that support its growth and strength. I love and appreciate my beautiful hair!

I love my eyes

I have perfect vision. I see clearly in every direction. I see with love my past, my present, and my future. My mind chooses the way I look at life. I see with new eyes. I see good in everyone and everywhere. I now lovingly create the life I love to look at. I love and appreciate my beautiful eyes!

I love my ears

I am balanced and poised and one with all of life. I choose the thoughts that create harmony around me. I listen with love to the good and the pleasant. I hear the cry for love that is hidden in everyone's message. I am willing to understand others, and I have compassion for them. I rejoice in my ability to hear life. I have a receptive capacity of mind. I am willing to hear. I love and appreciate my beautiful ears!

I love my nose

I am at peace with everyone around me. No person, place, or thing has any power over me. I am the power and authority in my world. I choose the thoughts that recognize my own true worth. I recognize my own intuitive ability. I trust my intuition, for I am always in contact with Universal Wisdom and Truth. I always go in the right direction for me. I love and appreciate my beautiful nose!

I love my mouth

I nourish myself by taking in new ideas. I prepare new concepts for digestion and assimilation. I make decisions with ease based upon the principles of Truth. I have a good taste for life. I choose the thoughts that enable me to speak with love. I speak up for myself, secure in my own true worth. I love and appreciate my beautiful mouth!

I love my teeth

My teeth are strong and healthy. I bite into life with joy. I thoughtfully and completely chew all my experiences. I am a decisive person. I make decisions with ease, and I stick to them. I choose the thoughts that create a solid inner foundation. I trust my Inner Wisdom, knowing that I will always choose what is best for me at any given moment. I love and appreciate my beautiful teeth!

I love my gums

My gums are the picture of health. They support and protect my teeth with love. It is easy for me to stick to my decisions. I back up my decisions with spiritual convictions. I am strongly centered in Wisdom and Truth. I choose the thoughts that create only right action in my life. I love and appreciate my beautiful gums!

I love my voice

I voice my opinions. I speak up for myself. I sing the praises of love and joy. My words are the music of life. I choose the thoughts that express beauty and gratitude. I proclaim my oneness with all of life. I love and appreciate my beautiful voice!

I love my neck

I willingly turn to acknowledge other viewpoints and other ways of doing things. I am free to acknowledge it all. I am willing to change. I choose the thoughts that keep me flexible in my ideas and in my creative expression. I express myself freely and joyously. I am safe. I love and appreciate my beautiful neck!

I love my throat

My throat is my avenue of expression and creativity. I keep it open and free. I sing with great joy. I choose the thoughts that allow me to express my creativity. I lovingly declare to the world my self-worth and my self-esteem. I love and appreciate my beautiful throat.

I love my shoulders

I shoulder my responsibilities with ease. My burdens are light—like feathers in the wind. I stand tall and free, and I joyfully carry my experiences. My shoulders are beautiful and straight and strong. I choose the thoughts that make my way easy and free. Love releases and relaxes. I love my life. I love and appreciate my beautiful shoulders!

I love my breasts

My breasts are the perfect size and shape for my body. They are healthy and will always be healthy. I always nourish and take care of myself before I take care of others. I choose the thoughts that nurture me in every way. I love and appreciate my beautiful breasts.

I love my arms

I am protective of myself and my loved ones. I welcome life with joy. I have great ability to embrace life's experiences. My capacity for the enjoyment of life is enormous. I choose the thoughts that enable me to accept change easily and move in any direction. I am strong and able and capable at all times. I love and appreciate my beautiful arms!

I love my wrists

My wrists are flexible and free. It is with ease that I accept pleasure into my life. I deserve all the good that I receive. I choose the thoughts that make it easy for me to enjoy all that I have. I love and appreciate my beautiful wrists!

I love my hands

MY hands are free to hold life in any way they wish. My hands have endless ways of handling events and people. I choose the thoughts that handle my experiences with joy a care of in Divine Right Order. I handle life with love; therefore, I am secure, I am safe, I am myself. I am at peace. I love and appreciate my beautiful hands!

I love my fingers

My fingers give me much pleasure. I love my ability to touch and feel, to probe and inspect, to mend and repair, to create, and to fashion with love. I put my finger on the pulse of life; and I am in tune with every person, place, and thing. I choose the thoughts that enable me to touch with love. I love and appreciate my beautiful fingers!

I love my fingernails

My fingernails are a joy to look at. I am protected and safe. As I relax and trust life to unfold before me, my nails grow strong and hard. I love and appreciate all the wonderful details of my life. I choose the thoughts that let the minor details be handled easily and effortlessly. I love and appreciate my beautiful fingernails!

I love my spine

My spine is a place of harmony and love. Each vertebra is lovingly connected to its neighbors. There is perfect, smooth interaction between them all. This makes me strong, yet flexible. I can reach to the heavens and bend to the earth. I choose the thoughts that keep me safe and free. I love and appreciate my beautiful spine!

I love my back

I am supported by life itself. I feel emotionally supported. I release all fears. I feel loved. I release the past and all past experiences. I let go of that which is in back of me. I now trust the process of life. I choose the thoughts that supply all my needs. Life prospers me in expected and unexpected ways. I know that life is for me. I stand straight and tall, supported by the love of life. I love and appreciate my beautiful back!

I love my flexibility

God has given me the ability to be flexible and to flow with life like a willow tree. I can bend and stretch and always come back to my center. I choose the thoughts that strengthen this ability to be supple and pliant. I love and appreciate my beautiful flexibility!

I love my chest

I take in and give out nourishment in perfect balance. Life supplies everything I need. I am free to be me, and I allow others the freedom to be who they are. Life protects us all. It is safe for all of us to grow up. I nourish only with love. I choose the thoughts that create freedom for us all. I love and appreciate my beautiful chest!

I love my lungs

I have a right to take up space. I have a right to exist. I take in and give out life fully and freely. It is safe to take in my environment. I trust the Power that supplies my breath in such great abundance. There is enough breath to last as long as I shall choose to live. There is enough life and sustenance to last for as long as I shall choose to live. I now choose the thoughts that create safety for me. I love and appreciate my beautiful lungs!

I love my breath

My breath is so precious to me. It is a treasure and a life-giving substance. I know it is safe for me to live. I love life. I breathe in life deeply and fully. I breathe in and out in perfect harmony. I choose the thoughts that create a loving and sweet breath. I am a joy to be around. I flow with the breath of life. I love and appreciate my beautiful breath!

I love my glands

My glands are the starting points for my self-expression. My self-expression is my own unique approach to life. I am a unique individual. I respect my individuality. I originate in the depth of my being all the good I find unfolding in my life. My originality begins with the thoughts I choose to think. My spiritual immunity and strength are strong and balanced. I am a go-getter. I have "get-up-and-go." I love and appreciate my beautiful glands!

I love my heart

My heart lovingly carries joy throughout my body, nourishing the cells. Joyous new ideas are now circulating freely within me. I am the joy of life, expressing and receiving. I now choose the thoughts that create an ever-joyous now. It is safe to be alive at every age. I radiate love in every direction, and my whole life is a joy. I love with my heart. I love and appreciate my beautiful heart!

I love my blood

The blood in my veins is pure joy. This joy of life flows freely throughout my body. I am living with joy and happiness. I choose the thoughts that create enthusiasm for life. My life is rich and full and joyous. I love and appreciate my beautiful blood!

I love my nerves

I have a wondrous nervous system. My nerves enable me to communicate with all of life. I can sense and feel and understand on very deep levels. I feel safe and secure. My nerves are allowed to relax peacefully. I choose the thoughts that bring me peace. I love and appreciate my beautiful nerves!

I love my stomach

It is with joy that I digest the experiences of life. Life agrees with me. I easily assimilate each new moment of every day. All is well in my world. I choose the thoughts that glorify my being. I trust life to feed me that which I need. I know my self-worth. I am good enough just as I am. I am a Divine, Magnificent Expression of Life. I assimilate this thought and make it true for me. I love and appreciate my beautiful stomach!

I love my liver

I let go of everything I no longer need. I joyfully release all irritation, criticism, and condemnation. My consciousness is now cleansed and healed. Everything in my life is in Divine Right Order. Everything that happens is for my highest good and greatest joy. I find love everywhere in my life. I choose the thoughts that heal, cleanse, and uplift me. I love and appreciate my beautiful liver!

I love my kidneys

It is safe for me to grow up and to accept the life I have created. I release the old and welcome the new. My kidneys efficiently eliminate the old poisons of my mind. I now choose the thoughts that create my world; therefore, I accept everything in my world as perfect. My emotions are stabilized in love. I love and appreciate my beautiful kidneys!

I love my spleen

My only obsession is with the joy of life. My true identity is one of peace and love and joy. I choose the thoughts that create joy for me in every area of my life. My spleen is healthy and happy and normal. I am safe. I choose to experience the sweetness of life. I love and appreciate my beautiful spleen!

I love my immune system

My immune system is strong and vigorous. It protects my body and keeps me in perfect health. Knowing that my immune system responds to my every thought, I choose healthy thinking. I think only loving, positive thoughts that enhance and support my immune system. I love and appreciate my beautiful immune system.

I love my waistline

I have a beautiful waistline. It is normal and natural and very flexible. I can bend and twist in every direction. I choose the thoughts that allow me to enjoy exercise in a form that is pleasing to me. My waistline is the perfect size for me. I love and appreciate my beautiful waistline!

I love my hips

I carry myself through life in perfect balance. There is always something new I am moving toward. Every age has its interests and goals. I choose the thoughts that keep my hips firm and powerful. I am powerful at the very seat of my life. I love and appreciate my beautiful hips!

I love my buttocks

My buttocks grow more beautiful every day. They are the seat of my power. I know I am a powerful being. I recognize and accept my power. I choose the thoughts that enable me to use my power lovingly and wisely. It feels wonderful to be powerful. I love and appreciate my beautiful buttocks!

I love my colon

I am an open channel for good to flow in and through me—freely, generously, and joyfully. I willingly release all thoughts and things that clutter or clog. All is normal, harmonious, and perfect in my life. I live only in the ever-present now. I choose the thoughts that keep me open and receptive to the flow of life. I have perfect intake, assimilation, and elimination. I love and appreciate my beautiful colon!

I love my bladder

I am at peace with my thoughts and emotions. I am at peace with those around me. No place, or thing has any power over me, for I am the only thinker in my mind. I choose the thoughts that keep me serene. I willingly and lovingly release old concepts and ideas. They flow out of me easily and joyously. I love and appreciate my beautiful bladder!

I love my genitals

I rejoice in my sexuality. It is normal and natural and perfect for me. My genitals are beautiful and normal and natural and perfect for me. I am good enough and beautiful enough exactly as I am, right here and right now. I appreciate the pleasure my body gives me. It is safe for me to enjoy my body. I choose the thoughts that allow me to love and appreciate my beautiful genitals!

I love my rectum

I see the beauty of my body in every cell and in every organ. My rectum is as normal and natural and beautiful as any other part of my body. I am totally accepting of each function of my body and rejoice in its efficiency and perfection. My heart and my rectum and my eyes and my toes are all equally important and beautiful. I choose the thoughts that allow me to accept with love every part of my body. I love and appreciate my beautiful rectum!

I love my legs

I now choose to release all old childhood hurts and pains. I refuse to live in the past. I am a now person living in today. As I forgive and release the past, my thighs become firm and beautiful. I have total mobility to move in any direction. I move forward in life, unencumbered by the past. My calf muscles are relaxed and strong. I choose the thoughts that allow me to move forward with joy. I love and appreciate my beautiful legs!

I love my knees

I am flexible and flowing. I am giving and forgiving. I bend and flow with ease. I have understanding and compassion, and I easily forgive the past and everyone in it. I acknowledge others and praise them at every turn. I choose the thoughts that keep me open and receptive to the love and joy that is flowing freely everywhere. I kneel at the altar of myself. I love and appreciate my beautiful knees!

I love my ankles

My ankles give me mobility and direction. I release all fear and guilt. I accept pleasure with ease. I move in the direction of my highest good. I choose the thoughts that bring pleasure and joy into my life. I am flexible and flowing. I love and appreciate my beautiful ankles!

I love my feet

I have such wonderful understanding. I stand firmly rooted in the Truth. My understanding of myself and of others and of life is constantly growing. I am nourished by Mother Earth, and the Universal Intelligence teaches me all I need to know. I walk upon this planet safe and secure, moving forward toward my greater good. I move with ease through time and space. I choose the thoughts that create a wonderful future, and I move into it. I love and appreciate my beautiful feet!

I love my toes

My toes are inspectors of the future, going before me to clear the way. They are straight, flexible, and strong. They reach out, feeling and finding the perfect pathway in life. I choose the thoughts that protect my pathway. As I move forward, all details take care of themselves. I love and appreciate my beautiful toes!

I love my bones

I am strong and sound. I am well structured and balanced. My bones support me and love me. Every bone is important to me. I choose the thoughts that strengthen my life. I am composed of the materials of the Universe. I am one with the structure of life. I love and appreciate my beautiful bones!

I love my muscles

My muscles give me the ability to move in my world. They are strong and will always be strong. They are flexible and stretch easily. I choose the thoughts that allow me to welcome new experiences. My life is a joyous ballet. I love and appreciate my beautiful muscles!

I love my skin

My individuality is safe. The past is forgiven and forgotten. I am free and safe in this moment. I choose the thoughts that create joy and peace for myself. My skin is youthful and smooth on every part of my body. I love to caress my skin. My cells have eternal youth. My skin is the mantle that protects the temple I live in. I love and appreciate my beautiful skin!

I love my height

I am the perfect height for me. I am neither too tall nor too short. I can look up and I can look down. I can reach for the stars and touch the earth. I choose the thoughts that enable me to always feel safe and secure and loved. I love and appreciate my beautiful height!

I love my weight

I am the perfect weight for myself at this moment. It is exactly the weight that I have accepted for myself. I have the ability to change my weight if I desire. I choose the thoughts that keep me comfortable and satisfied with my body and its size. I love and appreciate my beautiful weight!

I love my appearance

I love my appearance. It suits me perfectly for this lifetime. I chose my looks before I was born, and I am satisfied with my choice. I am unique and special. No one else looks exactly as I do. I am beautiful, and I become more attractive every day. I choose the thoughts that give forth a beautiful appearance. I love the way I look. I love and appreciate my beautiful appearance!

I love my age

I am the perfect age. Each year is special and precious to me for I shall only live it once. Every year from infancy to old age is filled with wonders all its own. Just as childhood is very special, so is being elderly. I want to experience it all. I choose the thoughts that make me comfortable with growing older. I look forward to each new year as it unfolds before me. I love and appreciate my beautiful age!

내 몸 긍정 확언 가이드
LOVE YOUR BODY

초판 1쇄 발행 2021년 11월 1일
초판 1쇄 인쇄 2021년 11월 11일

지은이	루이스 헤이	**펴낸곳**	케이미라클모닝
옮긴이	엄남미	**등 록**	제2021-000020 호
펴낸이	엄남미	**주 소**	서울 동대문구 전농로 16길 51, 102-604
교정교열	권성민	**전자우편**	kmiraclemorning@naver.com
디자인	고은아	**전 화**	070-8771-2052

ISBN 979-11-974595-7-3 (02300)
값 12,000원

love your body
by Louise L. Hay
Copyright ⓒ 1985 by Louise L. Hay
Original English Language Publication by Hay House, Inc., California, USA.
Korean translation rights arranged with Hay House, Inc, USA and kmiraclemorning
Publishing Inc., Seoul Korea through Interlicense Ltd.
Korean Edition Published by kmiraclemorning Publishing

- 이 책은 저작권법에 따라 보호를 받는 저작물입니다. 무단 전제와 복제를 금합니다.
- 이 책의 내용의 전부 또는 일부를 사용하려면 반드시 저작권자와 케이미라클모닝 출판사의 동의를 받아야 합니다.
- 잘못된 책은 구입하신 서점에서 교환해 드립니다.
- 케이미라클모닝 출판사 문에 노크해 주십시오. 어떤 영감과 생각이라도 환영합니다.